Współczucie – jedyną drogą do pokoju

Przemówienie
Śri Mata Amritanandamayi

wygłoszone na festiwalu filmowym
Cinéma Vérité w 2007 roku

12 października 2007 – Paryż, Francja

Mata Amritanandamayi Center, San Ramon
Kalifornia, Stany Zjednoczone

Współczucie – jedyną drogą do pokoju

Tłumaczenie z języka malajalam na angielski:
Swami Amritaswarupananda Puri

Wydawnictwo:
Mata Amritanandamayi Center
P.O. Box 613
San Ramon, CA 94583
Stany Zjednoczone

––– *Compassion: The Only Way To Peace (Polish)* –––

Pierwsze wydanie w języku polskim przez MA Center: kwiecień 2016

Polska strona internetowa: www.amma–polska.pl

W Indiach:
    inform@amritapuri.org
    www.amritapuri.org

Wstęp

W październiku 2007 roku francuskie stowarzyszenie filmowe Cinéma Vérité poprosiło Ammę o wygłoszenie przemówienia na temat rosnącej w dzisiejszym świecie liczby kataklizmów naturalnych oraz tych spowodowanych działalnością człowieka. Dzięki dokumentalnemu filmowi Jana Kounena z 2005 roku „*Darszan – Przytulenie*", Cinéma Vérité dostrzegło w Ammie filantropa i nadzwyczajnego przywódcę duchowego. Od dawna organizacja ta za pośrednictwem filmu zajmuje się szerzeniem świadomości dotyczącej praw człowieka. Wizerunek Ammy przedstawiony przez Kounena stał się dla Cinéma Vérité inspiracją, żeby zapoczątkować przyznawanie dorocznej nagrody Cinéma Vérité osobom mającym szczególny wkład w działalność na rzecz światowego pokoju i harmonii. Amma miała zostać pierwszą laureatką tej nagrody.

Uroczystość, będąca częścią Festiwalu Filmowego Cinéma Vérité 2007, odbyła się w centrum Paryża, w teatrze sztuki przy Placu Bastylii. Inne osobistości uczestniczące w festiwalu, to:

Jody Williams – laureatka Pokojowej Nagrody Nobla z 1997 roku, Sharon Stone – aktorka nominowana do Oscara w Amerykańskiej Akademii Filmowej oraz Bianca Jagger – obrończyni socjalnych i humanitarnych praw człowieka.

Amma została przedstawiona i powitana przez Sharon Stone i Jana Kounena. Kounen powiedział: „Zaiste, nie ma nikogo, kto byłby bardziej niż Amma kompetentny, aby mówić o pokoju. Nie tylko *żyje* ona pełnią pokoju, lecz także *budzi* pokój w innych. [...] Cieszymy się niezmiernie, że możemy uhonorować Ammę pierwszą doroczną nagrodą Cinéma Vérité za jej wkład w szerzenie światowego pokoju i harmonii".

Następnie Kounen opowiadał o swoim doświadczeniu filmowania Ammy, mówiąc o niej, jako o człowieku mającym moc transformowania innych. Kounen powiedział: „Mam szczęście być reżyserem, który sam może wybierać tematy do swoich filmów. Dzięki temu miałem możliwość spędzić czas z Ammą, odkryć, co Amma robi oraz pojąć, kim naprawdę jest. Pozwoliło mi to wyruszyć w podróż i przywieźć z niej coś do domu – ten film. To, co widziałem, odczułem i czego doświadczyłem przebywając w jej obecności, dało mi okazję do przekazania innym wiedzy, kim jest Amma. Nie tylko mogłem podzielić się tym wszystkim z innymi, lecz także zobaczyłem istotę ludzką, która ma moc przeobrażania innych".

Kounen, który reżyserował filmy fabularne oraz wiele filmów dokumentalnych o kulturach mistycznych, powiedział, że filmowanie Ammy było wyjątkowym doświadczeniem. „Duchowość, uzdrawiacze i cudotwórcy to tematy, którymi zajmowałem się osobiście. W przypadku Ammy odkryłem natomiast, że magia jest czymś, co można zobaczyć, czymś, co Amma robi dosłownie na twoich oczach. Właśnie na tym polega jej wyjątkowość, że widzisz to wszystko na własne oczy. Ty zaś musisz tylko uchwycić to w kadrze, abyś mógł zobaczyć sam i dać również innym możliwość zobaczenia tego. Chciałbym jej podziękować, że dała mi sposobność nakręcenia tego filmu. Dziękuję".

Następnie mówiła o Ammie Sharon Stone. Powiedziała: „Przedstawienie świętej jest wielkim zadaniem. To coś naprawdę innego, to jest jak filmowanie anioła. Film *Darszan* jest niezwykle inspirujący.

Sharon Stone – aktorka nominowana do Oscara w Amerykańskiej Akademii Filmowej, wręczyła Ammie pierwszą doroczną nagrodę Cinéma Vérité za jej wkład w szerzenie światowego pokoju i harmonii.

Tym niemniej, życie osoby, która oddaje się służeniu innym, jest przykładem godnym naśladowania dla nas wszystkich. Ponieważ jest to wybór – poświęcenie się służbie dla innych jest wyborem. Milton, kiedy tracił wzrok, powiedział: „Już samo stanie i czekanie może być służeniem, stanie i czekanie na innych". Świat znalazł się w punkcie, w którym bardziej niż kiedykolwiek dotąd jest to konieczne. Żyjemy w czasach, kiedy musimy stanąć i zaczekać, zanim zdecydujemy o dalszych działaniach. Ponieważ dobroć, życzliwość i łaska muszą emanować z naszych czynów.

Całe życie Ammy jest przejawem łaski. Objęła 26 milionów[1] ludzi. Zrobiła to nie tylko, jako akt dawania, lecz także jako przykład – przykład dawania, szerzenia dobra, głębokiej troski i służenia innym poprzez czekanie na nich. Czekanie, aby obdarować ich objęciem, dzięki któremu będą mogli wieść życie w dobroci. Proszę, powitajmy nie tylko świętą i anioła, lecz także istotę czynem wyrażającą dobroć".

W dowód uznania ze strony Cinéma Vérité dla Ammy i jej działalności, Sharon Stone

---

[1] W 2014 roku liczba osób przytulonych przez Ammę przekroczyła 33 miliony (przyp. tłum.).

wręczyła Ammie srebrny łańcuszek i wisiorek, co publiczność w teatrze nagrodziła owacją.

W swoim przemówieniu „Współczucie – jedyną drogą do pokoju", Amma przedstawiła realistyczną i konstruktywną analizę problemów, z jakimi boryka się dzisiejszy świat. Wskazując na konkretne strefy braku równowagi podkreśliła, że jedynie współczująca postawa może przynieść poprawę sytuacji.

O konflikcie Amma mówiła nadzwyczaj otwarcie. Powiedziała: „Konflikt istnieje od zarania dziejów. Stwierdzenie, że niemożliwym jest całkowite jego wykorzenienie, powoduje ogromny niepokój. Lecz czyż nie jest to prawdą?".

Przyjmując, że nie można gruntownie wykorzenić konfliktu, Amma ubolewała nad degradacją działań wojennych, z uwagi na etykę oraz sposób ich prowadzenia. Wyjaśniła, że w dawnych czasach żołnierze piechoty mogli walczyć tylko z żołnierzami piechoty, jeźdźcy mogli walczyć tylko z innymi żołnierzami na koniach itp., nie wolno było atakować nieuzbrojonego żołnierza ani ranić kobiet i dzieci. Walka kończyła się o zmierzchu i rozpoczynała dopiero o świcie. „Taka wspaniała była tradycja *dharmicznych* (opartych na zasadach prawości) wojen, gdzie wroga traktowano godnie i z szacunkiem, zarówno na polu bitwy, jak i poza nim. Szanowano również uczucia i kulturę mieszkańców wrogiego królestwa. Takie było odważne podejście ludzi żyjących w owych czasach".

Amma powiedziała, że nowoczesne prowadzenie wojen wygląda zupełnie inaczej: „Dziś podczas wojny kraj wroga jest niszczony w każdy możliwy sposób. Najeźdźcy grabią i monopolizują zajęte ziemie, bogactwa naturalne oraz majątek pokonanego kraju, używając ich dla własnych egoistycznych korzyści. Kultura i tradycje przekazywane z pokolenia na pokolenie są wykorzeniane, a niewinni ludzie zabijani bez litości".

Amma stwierdziła, że z powodu przemocy i cierpienia wynikającego z ludzkiej chciwości i nienawiści ludzkość sprowadziła na siebie niezliczone klątwy. „Aby uwolnić się od tych klątw, przynajmniej sto kolejnych pokoleń powinno ocierać łzy cierpiącym, starając się ich pocieszyć i złagodzić ból". Amma dodała: „Przynajmniej teraz, dla zadośćuczynienia, czyż nie powinniśmy poddać się introspekcji?".

Ponadto, Amma wezwała światowych przywódców, aby porzucili swoje dotychczasowe poglądy i wyobrażenia dotyczące wojny. „Nadszedł czas, by zakończyć okrucieństwo i bezwzględność, jakie człowiek okazuje w imię wojny. Wojna jest produktem barbarzyńskich umysłów. Musimy odrzucić takie wzorce myślowe, zastąpić je nowymi liśćmi, kwiatami i owocami piękna i współczucia. Stopniowo uda nam się zniszczyć wewnętrznego demona, „żądzę wojny", który jest przekleństwem zarówno dla ludzkości, jak i Natury. Dopiero wówczas będziemy w stanie wkroczyć w nową erę pokoju i szczęśliwości".

Następnym rodzajem konfliktu, o którym mówiła Amma, jest spór istniejący pomiędzy nauką i religią. Powiedziała: „Religia i nauka powinny iść w parze. Zarówno nauka bez religii, jak i religia bez nauki są niepełne. Jednakże społeczeństwo próbuje podzielić nas na ludzi religii i ludzi nauki".

Amma stwierdziła, że nauka i religia są, w istocie, bardzo do siebie podobne w swoich dociekaniach – jedna jest badaniem w zewnętrznym, druga w wewnętrznym laboratorium. Przemawiała: „Jaka jest natura doświadczanego przez nas świata? W jaki sposób funkcjonuje on w doskonałej harmonii? Jak powstał? Dokąd zmierza? Gdzie nas zaprowadzi? Kim jestem? Kto zadaje podobne pytania – ludzie wiary, czy ludzie nauki? Obie grupy".

W podsumowaniu Amma powiedziała: „Historia powinna być dla nas lekcją, lecz nie musimy w niej trwać. Połączenie nauki i duchowości pomoże nam wydostać się z ciemnych korytarzy przeszłości do światła pokoju, harmonii i jedności".

Amma mówiła również o konflikcie międzyreligijnym, podkreślając, że z powodu ograniczeń ludzkich umysłów oraz ignorancji, ruchy religijne, które miały być źródłem światła, rzucają cień. „Duchowość jest kluczem, mającym służyć otwarciu naszych serc oraz postrzeganiu wszystkich ze współczuciem", powiedziała Amma. „Lecz nasze umysły zaślepione egoizmem zatraciły umiejętność właściwego rozróżniania i nasza percepcja została zniekształcona. Egoizm ten jest tylko przyczyną coraz większych ciemności. Ten sam klucz, który mógłby posłużyć otwarciu naszych serc, zamyka je na głucho przez nierozważne nastawienie naszego umysłu".

Znaczna część przemówienia Ammy koncentrowała się wokół tematu rosnącej dysharmonii między człowiekiem a Naturą oraz jej srogich konsekwencjach, takich jak: trzęsienia ziemi, tsunami, globalne ocieplenie, ekstremalne warunki pogodowe, susze, itd. Amma ponownie porównała obecną sytuację z tą z minionych wieków. „W dawnych czasach nie istniała szczególna potrzeba ochrony środowiska, ponieważ ochrona Natury była częścią wielbienia Boga i życia samego w sobie. Ludzie przedkładali miłość i służenie Naturze oraz społeczeństwu ponad pamięć o Bogu. W stworzeniu widzieli Stwórcę. Kochali przyrodę, wielbili ją i chronili jako widzialną formę Boga. Spróbujmy ponownie obudzić taką postawę.

Obecnie największym zagrożeniem dla ludzkości nie jest trzecia wojna światowa, lecz utrata harmonii w przyrodzie i nasze wciąż rosnące oddzielenie od niej. Powinniśmy obudzić w sobie świadomość człowieka, któremu przystawiono do skroni pistolet. Tylko wówczas ludzkość będzie mogła przetrwać".

Amma zaproponowała wiele rozwiązań, które pomogłyby ludzkości odzyskać utraconą harmonię w przyrodzie, takich jak: zaostrzenie restrykcji dotyczących zanieczyszczeń pochodzących z fabryk, wspólne z innymi dojazdy samochodem do pracy, pokonywanie krótkich odległości pieszo lub rowerem, uprawianie rodzinnych ogródków warzywnych oraz sadzenie przez każdego przynajmniej jednego drzewa miesięcznie.

Amma powiedziała: „Przyroda jest naszą pierwszą matką. Opiekuje się nami przez całe życie. Nasza biologiczna matka może pozwolić nam siedzieć na jej kolanach przez kilka lat, lecz Matka Natura cierpliwie znosi nasz ciężar przez całe życie. Śpiewa nam do snu, żywi i tuli. Tak jak dziecko ma zobowiązania wobec swojej biologicznej matki, tak my wszyscy powinniśmy mieć poczucie obowiązku i odpowiedzialności wobec Matki Natury. Zapomnienie o tej odpowiedzialności równe jest zapomnieniu o nas samych. Kiedy zapomnimy o Naturze, przestaniemy istnieć, gdyż to zapomnienie oznacza kroczenie w kierunku śmierci".

W swoim przemówieniu Amma nieustannie wyrażała przekonanie, że współczucie jest jedynym prawdziwym rozwiązaniem wszystkich konfliktów. Amma powiedziała: „Współczucie jest podstawą pokoju. Współczucie mieszka w każdym z nas. Jednak trudno jest go doświadczyć i wyrazić we wszystkich naszych czynach. Musimy skierować się do wewnątrz, szukać głęboko w nas samych. [...] Jeśli chcemy wnieść pokój do świata zewnętrznego, pokój musi najpierw wypełnić nasz wewnętrzny świat".

Przemówienie Ammy, tłumaczone symultanicznie na język angielski i francuski, spotkało się z huczną owacją. Ostatecznie, noc zakończyła się nie słowami, lecz czynem. Amma z miłością objęła wszystkich uczestników programu udzielając każdemu serdecznego *darszanu*.

Swami Amritaswarupananda Puri
Wiceprzewodniczący
Mata Amritanandamayi Math

Współczucie – jedyną drogą do pokoju

Przemówienie
Śri Mata Amritanandamayi

12 października 2007 – Paryż, Francja

Konflikt istnieje od zarania dziejów. Stwierdzenie, że niemożliwym jest całkowite jego wykorzenienie, powoduje ogromny niepokój. Lecz czyż nie jest to prawdą? Przyczyną tego stanu rzeczy jest fakt, że dobro i zło zawsze będą istnieć na tym świecie. W naszych zmaganiach, by wybrać dobro i odrzucić zło, nie da się całkowicie wykluczyć możliwości konfliktu. Konflikt ten, przejawiający się jako spory wewnętrzne, wojny i strajki, miał miejsce w prawie wszystkich krajach. Większość wojen wybucha przez to, że światowy biznes dba o własne interesy czerpiąc z wojen ogromne zyski, chociaż zdarzały się sporadycznie wojny, kiedy brano pod uwagę potrzeby ludu i jego korzyści.

Niestety, większość wojen prowadzonych przez ludzkość nie była w imię obrony prawdy i sprawiedliwości; ich motywacją był ludzki egoizm.

Od około pięciu tysięcy lat temu aż do czasów panowania wielkiego indyjskiego króla Czandragupty Maurja, założyciela dynastii Maurjów, prawda i *dharma* (prawość) odgrywały kluczową rolę we wszystkich wojnach toczonych na terenie Indii. Nawet wtedy pokonanie, i – jeśli zachodziła taka potrzeba – zniszczenie wroga, było częścią wojny. Jednakże istniały jasne zasady, które musiały być przestrzegane na polu walki i podczas bitwy.

Na przykład, żołnierze piechoty mogli walczyć tylko z żołnierzami piechoty, jeźdźcy mogli walczyć tylko z innymi żołnierzami na koniach. Wojownicy jeżdżący na słoniach czy w rydwanach mogli walczyć tylko z podobnie wysoko usadowionymi przeciwnikami. Takie same zasady obowiązywały walczących maczugami, mieczami, włóczniami oraz tych strzelających z łuku. Nie wolno było atakować rannych lub nieuzbrojonych żołnierzy ani ranić kobiet, dzieci, osób starszych czy chorych. Bitwy rozpoczynały się o świcie na dźwięk konchy i kończyły dokładnie o zmierzchu. Żołnierze obu stron zapominali o wzajemnej wrogości i spożywali wspólnie posiłek. Walkę wznawiano następnego dnia o świcie.

Bywały także przypadki, kiedy zwycięscy królowie z przyjemnością zwracali całe zdobyte królestwo i wszystkie kosztowności pokonanemu królowi lub jego prawowitemu następcy. Taka wspaniała była tradycja *dharmicznych* [opartych na zasadach prawości] wojen, gdzie wroga traktowano godnie i z szacunkiem, zarówno na polu bitwy, jak i poza nim. Szanowano również uczucia i kulturę mieszkańców wrogiego królestwa. Takie było odważne podejście ludzi żyjących w owych czasach.

Dziś, w celu zapobieżenia atakom terrorystycznym na lotniskach i w różnych instytucjach, stosowane są rygorystyczne środki bezpieczeństwa. Mimo że takie kroki konieczne są dla naszego fizycznego bezpieczeństwa, nie stanowią jednak ostatecznego rozwiązania. W rzeczywistości, istnieje szczególny materiał wybuchowy, najbardziej destrukcyjny ze wszystkich, którego żadna maszyna nie jest w stanie wykryć. To nienawiść, odraza i żądza zemsty przejawiające się w ludzkich umysłach.

Amma pamięta historię, która do tego nawiązuje. Sołtys pewnej wsi obchodził swoje setne urodziny. Na przyjęcie przybyło wiele znanych osobistości oraz dziennikarze.

Jeden z reporterów zapytał: Z czego jest pan najbardziej dumny w swoim długim życiu?

Starzec odparł: Przeżyłem sto lat i nie mam ani jednego wroga na tej planecie.

– Naprawdę? To niesamowite! – zauważył reporter. – Niech pana życie stanie się inspiracją dla nas wszystkich! A teraz proszę powiedzieć, jak to jest możliwe?

Starzec odpowiedział: No cóż, to bardzo proste. Dołożyłem wszelkich starań, by żaden z nich nie pozostał przy życiu!

Jeśli nie pozbędziemy się naszych negatywnych emocji, wojnie i przemocy nie będzie końca.

Dziś podczas wojen kraj wroga jest niszczony w każdy możliwy sposób. Najeźdźcy grabią i monopolizują zajęte ziemie, bogactwa naturalne oraz majątek pokonanego kraju, używając ich dla własnych egoistycznych korzyści. Kultura i tradycje przekazywane z pokolenia na pokolenie są wykorzeniane, a niewinni ludzie zabijani bez litości.

Co więcej, nie możemy sobie nawet wyobrazić ilości toksycznych oparów emitowanych przez bomby i inne rodzaje broni, zanieczyszczających atmosferę i zatruwających glebę. Ileż pokoleń będzie musiało fizycznie i psychicznie cierpieć tego konsekwencje! Pozostałością wojen są zawsze śmierć, ubóstwo, głód i epidemie. Oto dary wojny dla ludzkości.

Dziś niektóre bogate kraje inicjują wojny tylko po to, żeby promować sprzedaż swojej najnowszej broni. Nieważne, jakie działanie wykonujemy; nawet gdyby to była wojna, naszym celem powinna być ochrona prawdy i *dharmy*. Amma nie twierdzi, że wojny są nieuniknione. W zasadzie, wojna nigdy nie jest koniecznością. Czyż jednak zdołamy kiedykolwiek wyeliminować wojnę z zewnętrznego świata, jeśli konflikt obecny jest w ludzkich umysłach? Powinniśmy się nad tym głęboko zastanowić.

Jedną z głównych przyczyn konfliktu w dzisiejszym świecie jest oddzielenie nauki od religii. W rzeczywistości, religia i nauka powinny iść w parze. Zarówno nauka bez religii, jak i religia bez nauki są niepełne. Jednakże społeczeństwo próbuje podzielić nas na ludzi religii i ludzi nauki. Naukowcy twierdzą, że religia i duchowość są oparte na ślepej wierze, zaś nauka jest faktem, ponieważ udowadniana jest na drodze doświadczeń. Ich pytanie brzmi: Za czym ty się opowiadasz? Za wiarą, czy faktem naukowym?

Niewłaściwym jest twierdzenie, że religia i duchowość oparte są na ślepej wierze, a ich zasady nie są udowodnione. Prawdę mówiąc, mistrzowie duchowi przeprowadzili może nawet bardziej wnikliwe dociekania niż współcześni naukowcy. Tak jak dzisiejsi naukowcy analizują świat zewnętrzny, tak wielcy mistrzowie przeprowadzali badania w wewnętrznych laboratoriach swoich umysłów. Z tego punktu widzenia byli oni również naukowcami. W rzeczywistości, podstawą prawdziwej religii nie jest ślepa wiara, lecz *śraddha*. *Śraddha* jest dociekaniem – intensywnym poszukiwaniem w głębi siebie.

Jaka jest natura doświadczanego przez nas świata? W jaki sposób funkcjonuje on w doskonałej harmonii? Jak powstał? Dokąd zmierza? Gdzie nas zaprowadzi? Kim jestem? Takie były ich dociekania. Kto zadaje podobne pytania – ludzie wiary, czy ludzie nauki? Obie grupy.

Mędrcy dawnych czasów byli nie tylko wielkimi intelektualistami, lecz również prorokami, którzy doświadczyli Prawdy. Intelektualiści są zdecydowanie bardzo wartościowi dla społeczeństwa. Jednak same słowa i myśli nie wystarczają. Tylko ludzie, którzy żyją według głoszonych przez siebie zasad, ożywiają słowa i myśli, wnosząc do nich piękno.

Dawno temu żył *mahatma* [wielka dusza], który napisał książkę pod tytułem „*Współczucie w życiu*". Poprosił swoich znajomych o pomoc w zebraniu funduszy na wydanie książki. Jednak, kiedy miał już wysłać książkę do drukarni, w jego wiosce wybuchła klęska głodu i wiele osób zaczęło umierać. Bez zastanowienia oddał pieniądze przeznaczone na wydanie książki, żeby nakarmić głodnych i biednych. Sponsorzy zdenerwowali się i zapytali: „Dlaczego to zrobiłeś?

Jak teraz wydrukujemy książkę? Bieda i głód są na porządku dziennym. Narodziny i śmierć istnieją od zawsze na tym świecie. Niewłaściwym było wydanie tak dużej sumy pieniędzy z powodu tej klęski". Mahatma uśmiechnął się tylko w odpowiedzi.

Po jakimś czasie powrócił do swoich sponsorów z prośbą o wydrukowanie książki. Mimo początkowej niechęci, zgodzili się. W przeddzień oddania książki do druku miała miejsce wielka powódź. Tysiące ludzi zginęło, a znacznie więcej straciło swoje domy i majątek. Ponownie mahatma wydał wszystkie pieniądze, aby pomóc ofiarom kataklizmu. Tym razem sponsorzy jeszcze bardziej się rozzłościli. Wiele ostrych słów padło pod adresem mahatmy. Lecz, tak jak wcześniej, nie zareagował na ich słowa i tylko się uśmiechnął w odpowiedzi.

Kiedy w końcu książka została wydana, ukazała się pod tytułem „Współczucie w życiu: tom trzeci". Sponsorzy byli wściekli: „Czy nie jesteś *sannjasinem* [wyrzeczeńcem] – wyznawcą prawdy? Jak możesz tak kłamać? Jak to jest możliwe, że ta książka jest trzecim tomem? Gdzie jest pierwszy i drugi tom? Czy próbujesz zrobić z nas głupców?". Mahatma odpowiedział: „Faktycznie, to jest trzeci tom tej książki. Pierwszy powstał wtedy, kiedy wioska cierpiała głód. Drugi, kiedy tysiące niewinnych ludzi straciło życie i majątek w wyniku powodzi. Pierwsze dwa tomy pokazały nam, jak w praktyce możemy wnieść współczucie do naszego życia. Moi drodzy przyjaciele, książki są tylko martwymi słowami. Natomiast, kiedy żyjąca istota ludzka błaga o pomoc i nie umiemy z miłością podać jej dłoni, jaki sens ma książka mówiąca o współczuciu?".

Jeżeli w nasze słowa i myśli chcemy tchnąć życie i świadomość, to musimy je przejawić w działaniu. Aby osiągnąć ten cel, powinniśmy szukać drogi, w której religia i współczesna nauka będą harmonijnie iść w parze. Ich jedność nie powinna być tylko na pokaz. Trzeba podjąć zdecydowane działania, by zrozumieć i zintegrować te aspekty religii i nauki, które są korzystne dla społeczeństwa.

Jeśli umysł ma czysto naukowy charakter, nie będzie przepełniony współczuciem. Tendencją takiego umysłu będzie jedynie atakowanie, tłamszenie i dręczenie innych. Jednakże, kiedy naukowy umysł idzie w parze ze zrozumieniem duchowości, stanowiącym sedno religii, współczucie i życzliwość dla wszystkich żyjących istot budzi się spontanicznie.

Historia świata składa się głównie z wydarzeń przepełnionych wrogością, zemstą i nienawiścią. Muszą wyschnąć rzeki krwi przelanej przez człowieka, próbującego podporządkować sobie innych i zagarnąć wszystko dla siebie. W istocie, kiedy spojrzymy wstecz, wydawać się może, że ludzkość nie ma nawet odrobiny współczucia, tak okrutne były nasze czyny.

Historia powinna być dla nas lekcją, lecz nie musimy w niej trwać. Połączenie nauki i duchowości pomoże nam wydostać się z ciemnych korytarzy przeszłości do światła pokoju, harmonii i jedności.

Duchowość jest kluczem, mającym służyć otwarciu naszych serc oraz postrzeganiu wszystkich ze współczuciem. Lecz nasze umysły zaślepione egoizmem zatraciły umiejętność właściwego rozróżniania i nasza percepcja została zniekształcona. Egoizm ten jest tylko przyczyną coraz większych ciemności. Ten sam klucz, który mógłby posłużyć otwarciu naszych serc, zamyka je na głucho przez nierozważne nastawienie naszego umysłu.

Oto historia czterech mężczyzn, którzy w drodze na konferencję religijną musieli spędzić razem noc na wyspie. Noc była przeraźliwie zimna. Każdy z podróżnych miał ze sobą zapałki i niewielką wiązkę drewna na opał, każdy z nich myślał jednak, że tylko on sam ma ze sobą drewno i zapałki.

Jeden z nich rozważał: Sądząc po medaliku na szyi tamtego człowieka, wydaje mi się, że jest on wyznawcą innej religii. Jeśli rozpalę ogień, także on się przy nim ogrzeje. Czemuż miałbym wykorzystać moje cenne drewno, aby go ogrzać?

Drugi z mężczyzn pomyślał: Ten człowiek pochodzi z kraju, który zawsze walczył przeciwko nam. Ani mi się śni, żeby zużyć moje drewno dla jego wygody!

Trzeci spojrzał na jednego z pozostałych i wywnioskował: Znam tego faceta. Należy do sekty, która zawsze występuje przeciwko mojej religii. Nie mam zamiaru marnować swojego drewna dla jego dobra!

Czwarty mężczyzna rozmyślał: Tamten człowiek ma inny kolor skóry, nie znoszę tego! Nie ma mowy, dla niego nie zmarnuję swojego drewna!

W końcu, żaden z nich nie był skłonny rozpalić ognia ze swojego drewna, aby ogrzać pozostałych. W rezultacie, do rana wszyscy zamarzli na śmierć. Podobnie i my, żywimy w stosunku do innych uczucia wrogości w imię religii, narodowości, koloru skóry czy kasty, nie okazując współczucia wobec naszych bliźnich.

W imię pokoju odbywa się wiele konferencji. Jak jednak możemy mieć prawdziwą nadzieję na wprowadzenie jakichkolwiek zmian siedząc jedynie przy stole i rozmawiając? Kiedy już wszystko zostało powiedziane i zrobione, i ściskamy sobie dłonie na pożegnanie, czy ten gest oznacza, że naprawdę w naszych sercach odczuwamy ciepło miłości i współczucia? Jeśli tak nie jest, to prawdziwy dialog nie miał miejsca. Po to, by zaistniał, niezbędna jest otwartość i jedność ludzkich serc.

Muszą zniknąć mury stworzone przez wrogość, stereotypy i żądzę zemsty.

Wszyscy przywiązujemy wielką wagę do kwestii ochrony środowiska. Jednakże nie potrafimy zauważyć lekcji, jakich Natura nam udziela. Zaobserwujmy przyrodę zimą. Drzewa zrzucają stare liście. Nie rodzą już więcej owoców. Nawet ptaki na nich rzadko przysiadają. Jednak cała przyroda przemienia się z nastaniem wiosny. Na drzewach i pnączach pojawiają się nowe liście, a zaraz potem kwiaty i owoce. Wszędzie słychać śpiew ptaków i trzepot ich skrzydeł. Wszystko pachnie i tętni życiem. Te same drzewa, które jeszcze kilka miesięcy temu wydawały się obumarłe, teraz tryskają nowym życiem i pięknem.

Biorąc przykład z Natury, państwa i ich przywódcy powinni porzucić stare poglądy i idee dotyczące wojny. Nadszedł czas, by zakończyć okrucieństwo i bezwzględność, jakie człowiek okazuje w imię wojny. Wojna jest produktem barbarzyńskich umysłów. Musimy odrzucić takie wzorce myślowe, zastąpić je nowymi liśćmi, kwiatami i owocami piękna i współczucia.

Stopniowo uda nam się zniszczyć wewnętrznego demona, „żądzę wojny", który jest przekleństwem zarówno dla ludzkości, jak i dla Natury. Dopiero wówczas będziemy w stanie wkroczyć w nową erę pokoju i szczęśliwości.

Współczucie jest podstawą pokoju. Współczucie mieszka w każdym z nas. Jednak trudno jest go doświadczyć i wyrazić we wszystkich naszych czynach. Musimy skierować się do wewnątrz, szukać głęboko w nas samych. „Czy moje serce ciągle tętni pełnią życia? Czy wciąż mogę doświadczać w sobie źródła miłości i współczucia? Czy ból i smutek innych nadal wzrusza moje serce? Czy płaczę razem z tymi, którzy cierpią? Czy prawdziwie próbowałem otrzeć czyjeś łzy, pocieszyć kogoś, poczęstować przynajmniej jednym posiłkiem lub podarować komplet odzieży?". W taki sposób możemy przeprowadzić uczciwą introspekcję. Wtedy kojące światło współczucia spontanicznie rozświetli nasze umysły.

Jeśli chcemy wnieść pokój do świata zewnętrznego, pokój musi najpierw wypełnić nasz wewnętrzny świat. Nie jest on intelektualnym postanowieniem. Jest doświadczeniem.

Braterstwo i współczucie są cechami, które czynią przywódcę prawdziwie odważnym. Każdy, kto posiada bogactwo, broń i wiedzę militarną, może prowadzić wojnę. Nikt jednak nie jest w stanie pokonać mocy miłości i poczucia jedności serc.

Gdyby tylko nasze umysły, oczy, uszy, ręce mogły prawdziwie rozumieć oraz czuć ból i smutek innych! Ilu moglibyśmy uniknąć samobójstw? Ile osób mogłoby otrzymać żywność, ubranie i dach nad głową? Ilu dzieciom zostałby oszczędzony los sierot? Ile kobiet, które sprzedają swoje ciała, aby przeżyć, mogłoby otrzymać pomoc? Dla ilu chorych, cierpiących straszliwy ból byłyby zapewnione leki i opieka lekarska? Ilu konfliktów w imię pieniędzy, sławy i pozycji można byłoby uniknąć?

Pierwszym krokiem w rozwijaniu współczucia jest traktowanie z miłością i szacunkiem wszystkich nieożywionych przedmiotów, takich jak kamienie, piasek, skały, drewno, itd. Jeżeli będziemy umieli odczuwać miłość i sympatię do przedmiotów martwych, łatwiej nam będzie wtedy rozwinąć miłość i współczucie do drzew, pnączy, ptaków, zwierząt, tętniących życiem oceanów, rzek, gór i całej przyrody. Kiedy uda nam się osiągnąć ten stan, wówczas automatycznie będziemy odczuwać współczucie wobec całej ludzkości.

Czy nie powinniśmy być wdzięczni krzesłu i skałom, które zapewniają nam miejsce do siedzenia i odpoczynku? Czy nie należy wyrażać naszej wdzięczności Matce Ziemi, która cierpliwie pozwala nam biegać, skakać i bawić się na swym łonie? Czy nie trzeba być wdzięcznym ptakom, że dla nas śpiewają, kwiatom, które kwitną dla nas, drzewom, bo dostarczają nam cienia i rzekom, które dla nas płyną?

Każdy poranek wita nas nowym wschodem słońca. Nocą, kiedy śpimy i zapominamy o świecie, wszystko może się nam przytrafić, także śmierć. Czy kiedykolwiek dziękujemy Wszechmocnej Potędze, która nam błogosławi, że budzimy się następnego ranka i funkcjonujemy, tak jak wcześniej, że nic złego nie przydarzyło się naszym ciałom czy umysłom? Patrząc na to w ten sposób, czyż nie powinniśmy być wdzięczni wszystkim i wszystkiemu? Jedynie ludzie współczujący są w stanie wyrazić wdzięczność.

Nie ma końca wojnie i śmierci spowodowanej przez człowieka oraz łzom wylanym przez wszystkie niewinne ofiary takich tragedii. Czemu to wszystko służy? Jedynie zdobywaniu, podkreślaniu własnej wyższości i zaspokajaniu żądzy pieniędzy i sławy. Ludzkość sprowadziła na siebie niezliczone klątwy. Aby uwolnić się od tych klątw, przynajmniej sto kolejnych pokoleń powinno ocierać łzy cierpiącym, starając się ich pocieszyć i złagodzić ból. Przynajmniej teraz, dla zadośćuczynienia, czyż nie powinniśmy poddać się introspekcji?

Nigdy jeszcze żądni władzy, dbający tylko o własne interesy, samolubni przywódcy nie zaznali spokoju i szczęścia przez podbój świata i prześladowanie ludzi. Ich śmierć i dni, które ją poprzedzały, były dla nich piekłem na ziemi. Historia potwierdziła prawdziwość tego zjawiska. Z wdzięcznością powinniśmy teraz przyjąć cenną szansę i podążać naprzód drogą pokoju i współczucia.

Rodząc się nie przynosimy niczego na ten świat i umierając niczego ze sobą nie zabieramy. Musimy nauczyć się podchodzić do tego świata i jego dóbr w sposób beznamiętny i zdystansowany, zdając sobie sprawę, że nigdy nie dadzą nam trwałego i prawdziwego szczęścia.

Wszyscy wiemy, że Aleksander Wielki był wojownikiem i władcą, który podbił niemalże jedną trzecią świata. Chciał stać się imperatorem całej ziemi, lecz kiedy został pokonany w bitwie, zapadł na śmiertelną chorobę. Na kilka dni przed śmiercią, Aleksander przywołał do siebie ministrów, aby omówić szczegóły swojego pochówku. Zaznaczył, że po obu stronach trumny mają być otwory, przez które zwisać będą jego ręce z szeroko otwartymi dłońmi. Ministrowie zapytali swego władcę, jaki jest tego powód?

Aleksander wyjaśnił, iż w ten sposób wszyscy się dowiedzą, że „Wielki Aleksander", który całe swoje życie poświęcił zdobyczom i podbojom, opuścił świat z pustymi rękoma. Nie zabrał ze sobą nawet swojego ciała. Dzięki temu ludzie zrozumieją, że pogoń za dobrami materialnymi przez całe życie jest bezsensowna.

Musimy zrozumieć nietrwałość świata i jego dóbr. Są one tymczasowe i nie będą mogły nam towarzyszyć po śmierci.

We wszechświecie wszystko ma swój rytm. Wiatr, deszcz, fale, nasz oddech i bicie serca – wszystko funkcjonuje zgodnie z własnym tempem. Podobnie życie, również ma swój rytm. Nasze myśli i czyny tworzą bieg i melodię naszego życia. Kiedy nasze myśli zatracą rytm, znajduje to odzwierciedlenie w naszym działaniu. To zaś zaburza całą harmonię życia. W dzisiejszych czasach, gdzie się nie obrócimy, wszędzie widzimy taką sytuację.

Dziś powietrze i woda są coraz bardziej zanieczyszczone. Wysychają rzeki. Niszczone są lasy. Szerzą się nowe choroby. Jeśli to się nie zmieni, całą Naturę i ludzkość czeka ogromna katastrofa.

Amma poda przykład ilustrujący efekty zanieczyszczenia środowiska. Ze swojego dzieciństwa Amma wciąż pamięta, że kiedy dziecko miało zadrapanie lub niewielkie skaleczenie, matka opatrywała taką ranę krowim łajnem. Dzięki temu rana szybciej się goiła. Jeśli zrobilibyśmy to samo dzisiaj, mogłoby dojść do infekcji rany, a nawet do zgonu. Dziś krwi nawóz jest toksyczny. To, co kiedyś było lekarstwem, teraz jest trucizną.

Obecne pokolenie żyje w oderwaniu od Natury. Wszystko wokół nas jest sztuczne. Dziś jemy owoce i ziarna uprawiane z dodatkiem nawozów sztucznych i pestycydów. Używamy środków konserwujących, aby wydłużyć termin przydatności żywności do spożycia. W ten sposób, świadomie lub nie, nieustannie spożywamy truciznę. Następstwem tego jest pojawienie się wielu nowych chorób. Prawdę mówiąc, dawno temu średnia długość życia wynosiła ponad 100 lat. Obecnie zaś ludzie żyją tylko 80 lat lub mniej, a ponad 75 procent populacji cierpi z powodu jakiejś choroby.

Nie tylko spożywany przez nas pokarm, czy pitna woda, są skażone. Nawet powietrze, którym oddychamy, przepełnione jest toksynami. Wszystko to coraz bardziej osłabia system immunologiczny człowieka. Już dzisiaj wiele osób musi korzystać z inhalatorów, a ich liczba ciągle rośnie. Niewykluczone, że za kilka lat, aby oddychać, będziemy musieli chodzić z butlami tlenowymi, niczym astronauci w kosmosie. Obecnie większość ludzi jest na coś uczulona, nawet na rzeczy, które wydawać by się mogły mało istotne. Nasze przetrwanie staje się coraz trudniejsze z powodu stale pogłębiającego się oddzielenia od Natury.

Dziś nie tylko ludzie, lecz nawet zwierzęta, które hodujemy, a także uprawiane przez nas rośliny tracą łączność z Naturą. Dziko rosnące rośliny przeżyją niezależnie od pogody, przystosowując się do warunków naturalnych. Natomiast rośliny domowe nie potrafią same obronić się przed szkodnikami i trzeba użyć pestycydów. Potrzebują bardzo dużo szczególnej opieki, gdyż nie zdołają przetrwać w sposób naturalny.

Lasy są wycinane, a na ich miejscu powstają blokowiska. Wiele ptaków buduje swoje gniazda na tych osiedlach. Jeśli przyjrzymy się z bliska tym gniazdom, zauważymy, że zostały zbudowane z drutu i kawałków plastiku. Przyczyną tego jest coraz mniejsza ilość drzew. W przyszłości może ich całkiem zabraknąć. Ptaki uczą się przystosowywać do nowego środowiska.

Podobna jest sytuacja pszczół. Zazwyczaj pszczoły nie mają problemu z pokonaniem dystansu nawet do trzech kilometrów od swoich uli w poszukiwaniu nektaru. Obecnie jednak, po zebraniu nektaru nie pamiętają drogi powrotnej i gubią się. Nie mogąc odnaleźć swoich uli – umierają. W znacznej mierze, to dzięki pszczołom mamy pożywienie. Pszczoły odgrywają kluczową rolę dla zachowania przyrody i społeczeństwa. Zapylają rośliny, które dostarczają nam owoców i ziaren. Podobnie, każda żyjąca istota przynosi ludzkości korzyść. Wszystkie stworzenia na ziemi są sobie niezbędne, żeby przetrwać.

Jeśli silnik samolotu jest uszkodzony, samolot nie może latać. Ale przy braku choćby jednej potrzebnej śrubki również nie może odlecieć. Tak samo, nawet najmniejsze żywe stworzenie odgrywa ważną rolę. Wszystkim żyjącym istotom nieodzowna jest nasza pomoc, by mogły przeżyć. Jesteśmy także za nie odpowiedzialni.

Wzrastająca z dnia na dzień liczba ludności sprawia, że coraz trudniej jest wyprodukować wystarczającą ilość żywności i zboża dla zaspokojenia stale rosnących potrzeb. Aby rozwiązać tę kwestię, naukowcy starają się zwiększyć wydajność upraw, poszukując różnych sztucznych metod, takich jak nawozy chemiczne. Dzięki temu okres wegetacyjny roślin warzywnych, trwający zwykle sześć miesięcy, skrócił się do zaledwie dwóch. Problem tkwi w tym, że wartość odżywcza takich warzyw realnie zmniejszyła się do jednej trzeciej. Ponadto drastycznie obniżyła się trwałość takich roślin. Nie trudno zauważyć, że owe sztuczne metody przyniosły odwrotny od zamierzonego skutek.

Przyroda jest jak kura znosząca złote jaja. Jednak stracimy wszystko, jeśli zechcemy równocześnie zabić kurę i zabrać złote jaja. Musimy położyć kres zanieczyszczaniu i wyzyskiwaniu Matki Natury. Naszym obowiązkiem jest jej ochrona, gdyż od tego zależy przetrwanie obecnych oraz przyszłych pokoleń. Natura jest drzewem spełniającym wszystkie życzenia, które zapewnia ludzkości wszelką obfitość. Jednak nasza dzisiejsza sytuacja przypomina historię głupca podcinającego gałąź, na której sam siedzi.

Podwyższony poziom białych krwinek może być oznaką choroby nowotworowej. Chociaż białe krwinki same w sobie nie są niebezpieczne, kiedy ich poziom przekracza pewną granicę, możemy zachorować. Tak samo jest w naszym przypadku; zasoby Natury są niezbędne do życia. Eksploatowanie i niszczenie przyrody stanowi niebezpieczeństwo dla nas samych oraz dla innych. Życzeniem Ammy jest, by każda osoba na naszej planecie wzięła odpowiedzialność za przywrócenie harmonii w Naturze. Zwłaszcza, powinniśmy uczynić wszystko, co w naszej mocy, by położyć kres zanieczyszczaniu środowiska. Fabryki i przemysł są potrzebne. Musimy jednak znaleźć nowe sposoby, żeby zmniejszyć zanieczyszczenie powietrza i wody, jakie one powodują. Niezmiernie ważne jest również budowanie fabryk z dala od siedzib ludzkich.

Jedną z głównych przyczyn zanieczyszczenia środowiska w miastach jest rosnąca liczba pojazdów. Obecnie większość rodzin posiada przynajmniej jeden samochód. Jeśli pięć mieszkających i pracujących w sąsiedztwie osób ustali grafik i zacznie na zmianę wspólnie dojeżdżać do pracy, pięć samochodów można zastąpić jednym. Jeżeli cały kraj zastosuje ten wzorzec, liczba każdych stu tysięcy aut zmaleje do dwudziestu tysięcy. Przyniesie to radykalne zmniejszenie zanieczyszczenia środowiska oraz ogromną oszczędność paliwa.

Wszyscy wiemy, że zasoby naturalne ropy naftowej gwałtownie się wyczerpują. Wspólne dojazdy do pracy sprawią, że naszych zasobów ropy wystarczy na dłużej, lecz, co ważniejsze, miłość i współpraca będą wzrastać między ludźmi. Amma czuje, że wszyscy powinniśmy postarać się wprowadzić tę radę w życie.

Zamiast tracić paliwo, niewielkie odległości możemy pokonywać rowerem, co będzie dla nas równocześnie ćwiczeniem fizycznym. Obecnie, jednym z głównych powodów wzrastającej liczby chorób jest brak ruchu. Niektóre matki skarżą się Ammie, że wydają bardzo dużo pieniędzy na opłacenie dziecku karty członkostwa w klubie sportowym. Kiedy Amma pyta, w jaki sposób dziecko dostaje się do hali sportowej, matki odpowiadają, że odwożą je samochodem, nawet w przypadku, gdy klub znajduje się w odległości zaledwie kilku kilometrów od domu. Gdyby dziecko chodziło tam pieszo, miałoby wystarczająco dużo ruchu, zaś pieniądze wydane na kartę zostałyby zaoszczędzone.

Zanika zwyczaj uprawiania przydomowych ogródków warzywnych. Nawet jeśli mamy tylko maleńki skrawek ziemi, powinniśmy uprawiać choć kilka rodzajów warzyw, używając nawozów naturalnych. Spędzając czas z naszymi roślinami powinniśmy mówić do nich i je całować. Taki związek z przyrodą przysporzy nam nowych sił witalnych.

Lasy odgrywają najważniejszą rolę w zachowaniu równowagi w przyrodzie. Jedynie dzięki nim mamy jeszcze w dzisiejszym świecie choćby namiastkę harmonii. Każdy kraj powinien starać się chronić lasy, które pozostały oraz sadzić jak najwięcej drzew. Każdy z nas osobiście powinien postanowić, że co miesiąc posadzi przynajmniej jedno drzewo, co w skali roku da nam dwanaście drzew zasadzonych przez każdego. Jeśli wszyscy się tego podejmiemy, wkrótce przywrócimy piękno Natury w otaczającym nas świecie.

Amma słyszała o szczególnym rodzaju drzewa, tabonuco (Dacroydes excelsa), którego korzenie przeplatają się i zrastają z korzeniami sąsiednich drzew. Nawet najsilniejszy wiatr nie jest w stanie ich powalić. Żyjąc w harmonii z Naturą, pozostając w miłości i jedności, będziemy mieli siłę przetrwać każdy kryzys.

Przyroda jest naszą pierwszą matką. Opiekuje się nami przez całe życie. Nasza biologiczna matka może pozwolić nam siedzieć na jej kolanach przez kilka lat, lecz Matka Natura cierpliwie znosi nasz ciężar przez całe życie. Śpiewa nam do snu, żywi i tuli. Tak jak dziecko ma zobowiązania wobec swojej biologicznej matki, tak my wszyscy powinniśmy mieć poczucie obowiązku i odpowiedzialności wobec Matki Natury.

Zapomnienie o tej odpowiedzialności równe jest zapomnieniu o nas samych. Kiedy zapomnimy o Naturze, przestaniemy istnieć, gdyż to zapomnienie oznacza kroczenie w kierunku śmierci.

W dawnych czasach nie istniała szczególna potrzeba ochrony środowiska, ponieważ ochrona Natury była częścią wielbienia Boga i życia samego w sobie. Ludzie przedkładali miłość i służenie Naturze oraz społeczeństwu ponad pamięć o Bogu. W stworzeniu widzieli Stwórcę.

Kochali przyrodę, wielbili ją i chronili jako widzialną formę Boga. Spróbujmy ponownie obudzić taką postawę.

Obecnie największym zagrożeniem dla ludzkości nie jest trzecia wojna światowa, lecz utrata harmonii w przyrodzie i nasze wciąż rosnące oddzielenie od niej. Powinniśmy obudzić w sobie świadomość człowieka, któremu przystawiono do skroni pistolet. Tylko wówczas ludzkość będzie mogła przetrwać.

Życie staje się spełnione, kiedy człowiek i przyroda harmonijnie idą w parze. Gdy melodia i rytm wzajemnie się uzupełniają, muzyka jest piękna i przyjemna dla ucha. Podobnie, kiedy ludzie żyją w zgodzie z prawami Natury, życie staje się piękną pieśnią.

Przyroda jest wielkim ogrodem pełnym kwiatów. Zwierzęta, ptaki, drzewa, rośliny i ludzie są w tym ogrodzie kwitnącymi wielobarwnymi kwiatami. Piękno ogrodu przejawia się w pełni dopiero wtedy, kiedy wszystko współistnieje jako całość, emanując wibracjami miłości i jedności. Niech nasze umysły zjednoczą się w miłości. Pracujmy wszyscy razem, żeby ocalić te różnorodne kwiaty od zwiędnięcia, aby ogród pozostał na zawsze piękny.

Amma chciałaby teraz podzielić się kilkoma dodatkowymi przemyśleniami, które według niej warte są zastanowienia.

1. Wyobraźmy sobie, że człowiek zniknął z powierzchni ziemi. Bujna roślinność ponownie pokrywa planetę. Woda i powietrze stają się czyste. Cała przyroda wypełnia się radością.

   A teraz wyobraźmy sobie odwrotną sytuację: ziemia została pozbawiona wszelkiego życia, z wyjątkiem człowieka. Nie zdołalibyśmy przeżyć.

   Ta ziemia stworzona przez Boga i pieśń płynąca z przyrody są w doskonałym zestrojeniu i rytmie. Jedynie ludzie wprowadzają do niej fałszywe dźwięki.

2. Miłość i współczucie są źródłem pokoju i harmonii. Dzięki miłości rozkwitną delikatne pączki naszych serc. Wówczas piękny aromat miłości wypełni całą przestrzeń.

3. Społeczeństwo jest jak ptak, którego skrzydłami są nauka i duchowość. Te dwa skrzydła

muszą poruszać się równocześnie, gdyż oba niezbędne są dla rozwoju społeczeństwa. Jeśli idąc naprzód będziemy trwać w wartościach duchowych, nauka może stać się narzędziem służącym niesieniu pokoju i harmonii na świecie.

4. Nie wolno nam nigdy stracić naszej wewnętrznej mocy. Tylko ludzie słabego ducha widzą we wszystkim same ciemne strony i są zagubieni. Optymiści widzą promienie bożej łaski nawet w największych ciemnościach. Światło takiej wiary jest w nas. Zapalmy to światło; będzie ono oświetlać drogę i prowadzić nas na każdym kroku. Nie pozwólmy sobie utknąć w bolesnych wspomnieniach minionych wojen i konfliktów. Zapomnijmy ciemną historię nienawiści i rywalizacji, a powitajmy nową erę wiary, miłości i jedności. Musimy wszyscy pracować wspólnie, aby to osiągnąć. Nawet najmniejszy wysiłek, nieważne, jak błahy, nigdy nie pójdzie na marne. Niech chociaż jeden kwiat rozkwitnie na środku pustyni, to już ma znaczenie. Taką postawę powinniśmy rozwijać podejmując działania.

Nasze zdolności mogą być ograniczone, lecz jeśli łódź życia będzie płynąć napędzana wiosłem naszego wysiłku, wówczas wiatr bożej łaski z pewnością przyjdzie nam z pomocą.

5. Powinniśmy być gotowi do własnej przemiany. W przeciwnym wypadku będziemy do tego zmuszeni. Jeśli nie przemiana, to śmierć – musimy wybrać jedno lub drugie.

6. Ludzkość powinna zrozumieć, iż nie jest jedynym gatunkiem mającym prawo do życia. Jak wiele gatunków już wyginęło! Nie wystarczy dobroć i współczucie okazywane innym ludziom, powinniśmy odczuwać takie samo współczucie dla wszystkich żyjących istot.

7. Nie uda nam się uniknąć chorób niszcząc jedynie całe populacje komarów, kur i krów. Przywrócenie harmonii w przyrodzie powinno być naszym priorytetem.

Jeśli źródło wojny leży w ludzkim umyśle, to źródło pokoju też się tam znajduje. Jeśli chcemy zapobiec wojnom w przyszłości, powinniśmy zacząć wpajać wyższe wartości naszym dzieciom od najmłodszych lat. Żeby uzyskać jogurt, wystarczy dodać odrobinę jogurtu do mleka, wymieszać i odstawić na jakiś czas. Podobnie, kiedy rodzice są dobrym przykładem dla swoich dzieci, przekazują im pozytywne wartości. Wówczas szlachetne cechy charakteru spontanicznie kształtują się w dzieciach.

Kiedy Amma podróżuje po świecie, często przychodzą do niej osoby z krajów dotkniętych wojną. Kobiety z tych regionów opowiadają Ammie: „Rano budzą nas odgłosy strzelaniny i krzyki. Nasze dzieci ze strachu chwytają się nas kurczowo i płaczą; trzymając je mocno płaczemy razem z nimi. Od tak wielu lat nie budził nas świergot ptaków".

Módlmy się, by huk wystrzałów w tych miejscach został wkrótce zastąpiony słodkim śpiewem ptaków oraz, by zarówno młodzi, jak i starzy, zamiast płaczem – wybuchali śmiechem.

Amma często czuje, jak pięknie byłoby, gdyby – jak w dziecięcej zabawie – zamiast szrapneli, bomby rozrzucały czekoladki i cukierki, albo rozsiewały piękne zapachy, lub rozświetlały niebo wszystkimi kolorami tęczy. Gdyby to tylko było możliwe, żeby fale zniszczeń stały się falami współczucia! Używając nowoczesnej broni możemy namierzać cele z idealną dokładnością. Obyśmy mogli z taką samą precyzją, kierując się współczuciem, nieść pomoc biednym, głodnym i bezdomnym!

Wszyscy razem połączmy się i pokażmy światu, że współczucie, miłość i troska o naszych bliźnich nie zniknęły całkowicie z powierzchni tej ziemi. Zbudujmy nowy świat pełen pokoju i harmonii, pozostając głęboko zakorzenieni w ponadczasowych wartościach, które podtrzymywały ludzkość od niepamiętnych wieków. Raz na zawsze pożegnajmy wojnę i brutalność, redukując je do opowieści z bajek.

Oby przyszłe pokolenia zapamiętały nas jako pokolenie pokoju.

||Om lokah samastah sukhino bhavantu ||

www.ingramcontent.com/pod-product-compliance
Lightning Source LLC
Chambersburg PA
CBHW070636050426
42450CB00011B/3220